Atención al cliente con discapacidad en transporte de viajeros

avanza editorial

Editado por:
EDITORIAL FAE, S.L.U.
Correo electrónico: editorial@editorialfae.com

Atención al cliente con discapacidad en transporte de viajeros
Avanza Editorial

1ª Edición

Se ha puesto el máximo empeño en ofrecer al lector una información completa y precisa. Sin embargo, Editorial FAE, S.L.U. no asume ninguna responsabilidad derivada de su uso ni tampoco de cualquier violación de patentes ni otros derechos de terceras partes que pudieran ocurrir. Esta publicación tiene por objeto proporcionar unos conocimientos precisos y acreditados sobre el tema tratado. Su venta no supone para el editor ninguna forma de asistencia legal, administrativa o de ningún otro tipo.

ISBN: 978-84-1135-403-5

Impreso en España

Índice

U. A. 1. Introducción a los principios básicos de la atención al cliente con discapacidad

Introducción

El transporte se ha convertido en una necesidad básica para personas de todo el mundo. Cada día, cientos de personas con discapacidad usan el transporte de viajeros para desplazarse.

En la actualidad, el colectivo de personas con discapacidad todavía se encuentra con todo tipo de barreras arquitectónicas, e incluso con barreras sociales como la discriminación, prejuicios y faltas de respeto. Todo esto debido a la falta de educación inclusiva.

Por todo esto, es fundamental que las actuaciones de las personas que se dedican a la atención al cliente en el transporte de viajeros cuenten con dos habilidades sociales fundamentales: asertividad y empatía.

Objetivos

- Comprender el significado de discapacidad y sus tipos.
- Identificar los problemas a los que se enfrentan las personas con discapacidad y la normativa al respecto.
- Identificar los tipos de barreras a los que se enfrentan las personas con discapacidad: arquitectónicas y sociales.
- Comprender los conceptos de asertividad y empatía y ser capaz de aplicarlos a situaciones de atención al cliente con discapacidad en transporte de viajeros.

1. Término discapacidad y sus distintos tipos

Son muchos los problemas a los que se deben enfrentar las personas con discapacidad en el sector transporte, y es que tradicionalmente, estos han tenido un diseño pensado exclusivamente para personas que no presentan movilidad reducida. Por ejemplo, la gran mayoría de autobuses disponen de habitáculos a doble altura, repleto de escaleras y pasillos estrechos. Además, los asientos están milimétricamente dispuestos de forma que es difícil maniobrar.

Aunque todavía queda mucho por hacer a este respecto, también se han producido algunos avances como incluir en las normativas vigentes que se vele específicamente porque los transportes de viajeros dispongan de mecanismos de adaptación y faciliten el acceso a personas con movilidad reducida.

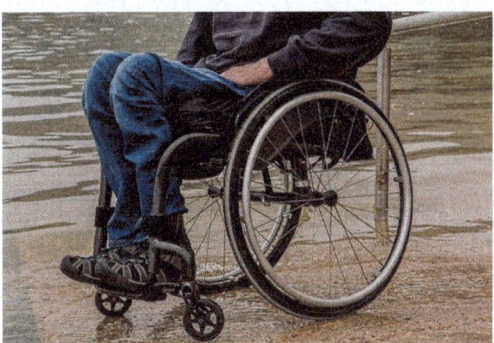

Fig. 1. Cuando se habla de discapacidad no solo se refiere a personas con movilidad reducida, sino también a discapacidades visuales, auditivas, sensoriales, etc.

Una discapacidad se puede definir como una afección del cuerpo o la mente que hace más difícil que una persona haga ciertas actividades (limitación de la actividad) e interactúe con el mundo que la rodea (restricciones a la participación). La OMS define a la discapacidad como "Cualquier restricción o impedimento de la capacidad de realizar una actividad en la forma o dentro del margen que se considera normal para el ser humano. Es un fenómeno complejo que refleja una relación estrecha y al límite entre las características del ser humano y las características del entorno en donde vive".

 **Truco**

Se estima que en el mundo puede haber mil millones de personas con algún tipo de discapacidad, y solo en España se contabilizan 4 millones, el 9% de la población.

Hay diferentes tipos de discapacidad y su clasificación puede variar según la fuente y el contexto, pero generalmente se dividen en varias categorías principales. Son difíciles de clasificar ya que cada persona es única y puede experimentar la discapacidad de manera diferente. Además, la terminología y la comprensión de las discapacidades puede evolucionar con el tiempo.

Según el modelo biopsicosocial propuesto por la Clasificación Internacional del Funcionamiento, de la Discapacidad y de la Salud (CIF) (OMS-2001), los tipos de discapacidad se pueden clasificar en cuatro categorías principales: física o motora, sensorial, intelectual y psíquica.

 **Importante**

Es importante tener en cuenta que las discapacidades pueden ser físicas, sensoriales, intelectuales o psíquicas.

A. Discapacidad física y/o motora

La discapacidad física se refiere a una limitación en la función física de una persona que afecta su movilidad o habilidad para realizar actividades cotidianas. Esta limitación puede deberse a diversas condiciones, como lesiones, enfermedades, malformaciones congénitas o trastornos neuromusculares. Estas pueden variar en gravedad y pueden ser temporales o permanentes.

Algunas formas comunes de discapacidad física son:

- **Discapacidad motora:** Que son los problemas que afectan directamente a la movilidad o el control muscular, como parálisis cerebral, amputaciones o lesiones en la médula espinal.

- **Discapacidad sensoriomotora:** Que involucra la interacción entre los sistemas sensoriales y motores, como en el caso de trastornos del espectro autista (TEA).

- **Discapacidad orgánica:** Afecta a procesos fisiológicos u órganos internos del sistema digestivo, metabólico, endocrino, respiratorio, excretor, circulatorio, etc., que se convierte en condiciones médicas crónicas que afectan la capacidad funcional, como el lupus, la fibromialgia o la artritis.

Ejemplo

Algunos ejemplos de discapacidad física incluyen:
- **Parálisis:** pérdida de la capacidad de mover ciertas partes del cuerpo debido al daño en el sistema nervioso.
- **Amputaciones:** pérdida de una extremidad o parte de ella, generalmente como resultado de una lesión o enfermedad.
- **Lesiones de la médula espinal:** daño a la médula espinal que puede resultar en la pérdida de la función motora o sensorial.
- **Enfermedades neuromusculares:** condiciones que afectan los músculos y las neuronas motoras, como la distrofia muscular o la esclerosis lateral amiotrófica (ELA).
- **Malformaciones congénitas:** anomalías presentes desde el nacimiento que pueden afectar la estructura o función de las extremidades o el sistema musculoesquelético.

B. Discapacidad sensorial

Este tipo de discapacidad se refiere a limitaciones o pérdidas en uno o más de los sentidos humanos (vista, oído, tacto, gusto y olfato). Las discapacidades sensoriales pueden ser congénitas (presentes desde el nacimiento) o adquiridas a lo largo de la vida debido a lesiones, enfermedades o envejecimiento.

Algunas formas comunes de discapacidad sensorial son:

- **Discapacidad visual:**
  - ○ **Ceguera:** pérdida total de la vista.
  - ○ **Ambliopías:** miopía, estrabismo, hipermetropía, etc.
  - ○ **Baja visión:** pérdida parcial de la vista que dificulta ver detalles finos o leer sin ayudas visuales, o pérdida de un ojo.

- **Discapacidad auditiva:**
  - ○ **Sordera:** pérdida total de la audición.
  - ○ **Hipoacusia:** pérdida inferior a 75dB.
  - ○ **Dificultades auditivas:** pérdida parcial de la audición que puede variar en grados de severidad.

- **Discapacidad táctil:** Dificultades en el sentido del tacto, que pueden afectar la capacidad para sentir presión, temperatura o texturas.

- **Discapacidad del habla:** Trastornos del lenguaje como disfemia, dislexia, y otros problemas de comunicación.

C. Discapacidad intelectual

Se caracteriza por limitaciones significativas en el funcionamiento intelectual (cognitiva) y en la conducta adaptativa (desarrollo). Esta discapacidad se manifiesta antes de los 18 años y se asocia con dificultades en áreas como el razonamiento, la planificación, la resolución de problemas, el pensamiento abstracto, la comprensión académica, el aprendizaje de nuevas habilidades y la adaptación a las demandas cotidianas.

Algunas características comunes de la discapacidad intelectual incluyen una puntuación de CI (cociente intelectual) generalmente por debajo de 70 en pruebas de inteligencia estándar y dificultades en las actividades cotidianas necesarias para la independencia, como la comunicación, la autonomía personal, las habilidades sociales y la vida en el hogar y en la comunidad.

 **Importante**

Hay que tener en cuenta que la evaluación de la discapacidad intelectual no se basa únicamente en la puntuación del CI y debe considerar también la conducta adaptativa.

D. Discapacidad psíquica o mental

Este tipo de discapacidad está directamente relacionada con condiciones de salud mental que afectan el pensamiento, el estado de ánimo y el comportamiento de una persona. Es decir, cuando presenta trastornos en el comportamiento adaptativo.

Estas pueden abarcar una amplia gama de condiciones, y algunas de las más comunes incluyen:

- **Trastornos del ánimo:** Depresión, trastorno bipolar.
- **Trastornos de ansiedad:** Pánico, trastorno obsesivo-compulsivo (TOC), fobias.
- **Trastornos psicóticos:** Esquizofrenia, trastorno esquizoafectivo.
- **Trastornos del estrés y trauma:** Trastorno por estrés postraumático (TEPT), trastorno de estrés agudo.
- **Trastornos del neurodesarrollo:** Trastorno del espectro autista (TEA), trastorno por déficit de atención e hiperactividad (TDAH).
- **Trastornos de la alimentación:** Anorexia o bulimia nerviosa.
- **Trastornos de la personalidad:** Trastorno límite de la personalidad, trastorno antisocial de la personalidad.
- **Trastornos del sistema nervioso central:** Alzheimer, Parkinson, esclerosis múltiple.

E. Discapacidad múltiple o pluridiscapacidad

Consiste en la presencia de dos o más discapacidades que afectan diferentes áreas de funcionamiento. Frecuentemente se presenta déficit en el desarrollo psicomotriz y/o sensorial, así como otros problemas de salud.

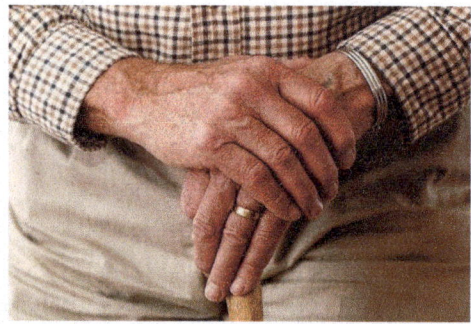

Fig. 2. Una persona mayor puede presentar distintas discapacidades motoras, físicas y sensoriales

Como se ha mencionado anteriormente, se trata de un colectivo muy amplio de la población. Son personas con unas necesidades específicas, por lo que, de cara a su atención, es recomendable tener en cuenta una serie de aspectos como:

- Pueden requerir ayudas técnicas, adaptaciones ambientales o asistencia personal para superar barreras y participar plenamente en la sociedad.
- Adaptaciones como señalización accesible, tecnología asistencial y educación inclusiva son aspectos clave para apoyar la inclusión de personas con discapacidades sensoriales.
- Es importante adoptar un enfoque centrado en la persona, reconociendo las fortalezas individuales y proporcionando apoyos personalizados para mejorar la calidad de vida y la participación en la comunidad.
- Abogar por la comprensión, la empatía y la eliminación del estigma asociado con las discapacidades.

2. Problemas a los que se enfrenta una persona discapacitada

Las Naciones Unidas (ONU) velan por la protección de los derechos de las personas con discapacidad promoviendo y promulgando porque estos se consigan con la mayor dignidad.

En el mundo existen más de 650 millones de personas con algún tipo de discapacidad, es decir, representan un 10% del total. Casi un 80% de este colectivo, se concentra en los países subdesarrollados y con rentas más bajas. Existe, por tanto, una relación entre pobreza y desarrollo que aumenta el riesgo de sufrir una discapacidad.

 **Truco**

En Sudamérica, existen más de 150 millones de personas con discapacidad y tan solo un 2% reciben la ayuda necesaria que favorezca su inserción en la sociedad.

Por otro lado, las medidas de prevención en entornos laborales son menores en países en vías de desarrollo, por lo que el riesgo de sufrir accidentes que desemboquen en una discapacidad también es mayor.

Las personas con discapacidad pueden enfrentar diversos problemas y desafíos en diferentes aspectos de su vida. A continuación, se detallan algunos de los problemas más comunes.

Uno de los principales problemas a los que se enfrenta una persona con discapacidad tiene que ver con su autonomía y dependencia, ya que dependen de otras personas para actividades diarias debido a barreras físicas o falta de servicios de apoyo adecuados. Este problema está directamente relacionado con los problemas de accesibilidad. La falta de acceso a entornos físicos, transporte, tecnología y servicios públicos, dificulta su participación plena en la sociedad.

Otro problema fundamental es el estigma y la discriminación. A menudo enfrentan estigmatización y discriminación basada en sus capacidades, lo que puede afectar su autoestima y oportunidades.

Fig. 3. La tecnología a menudo no está diseñada teniendo en cuenta la accesibilidad, excluyendo a las personas con discapacidad de diversas plataformas y servicios en línea

Esto puede derivar también en un problema de inclusión social, ya que pueden encontrar aislamiento y falta de oportunidades para participar en actividades sociales, recreativas y culturales.

Respecto a las oportunidades laborales, encuentran dificultades para encontrar empleo debido a prejuicios, falta de adaptaciones en el lugar de trabajo o falta de acceso a oportunidades educativas y de capacitación. Además, existen limitaciones en cuanto al acceso a una educación inclusiva y adaptada a sus necesidades, así como la falta de recursos y apoyos educativos.

También existen desafíos en cuanto al acceso a determinados servicios. Por un lado, de atención médica adecuada y asequible, así como la falta de profesionales de la salud capacitados para atender a personas con discapacidad. Por otro lado, de acceso a la justicia y a sistemas legales que no siempre están adaptados para satisfacer sus necesidades específicas.

Por otro lado, las personas con discapacidad a menudo enfrentan mayores costos asociados con sus necesidades específicas, como dispositivos de asistencia y servicios médicos, lo que puede generar desigualdades económicas.

Además, existe una falta de representación en los medios de comunicación y en la toma de decisiones que contribuye a la falta de conciencia y comprensión sobre las capacidades y necesidades de las personas con discapacidad. Por ejemplo, no siempre se disponen de datos, estadísticas ni encuestas relativas al sector.

No existe un gran despliegue de políticas ni de medios en personas con discapacidad a nivel asistencia, apoyo o rehabilitación. Los servicios en ocasiones están mal coordinados o son insuficientes y no se destinan partidas presupuestarias suficientes.

Las políticas no siempre tienen en cuentan este colectivo y esto deriva en que algunos de los problemas descritos anteriormente se incrementan debido a:

- Falta de leyes y políticas que promuevan la igualdad de derechos y oportunidades para las personas con discapacidad y que puede dar lugar a la discriminación y a la falta de acceso a servicios esenciales.
- La inaccesibilidad de los lugares de votación y la falta de capacitación para el personal electoral pueden dificultar que las personas con discapacidad ejerzan su derecho al voto.
- La escasa representación de personas con discapacidad en los procesos de toma de decisiones políticas puede llevar a políticas que no aborden adecuadamente sus necesidades y preocupaciones.
- Los recortes presupuestarios en áreas críticas, como la educación inclusiva, servicios de salud y programas de apoyo.
- La falta de políticas y prácticas que aborden la discriminación laboral puede limitar las oportunidades de empleo para las personas con discapacidad.
- La falta de políticas que promuevan entornos físicos y digitales accesibles puede limitar la movilidad y la participación de las personas con discapacidad en la vida pública.
- Aunque existan leyes que protejan los derechos de las personas con discapacidad, la falta de implementación efectiva puede dejar a las personas sin las protecciones y servicios necesarios.
- La falta de programas de capacitación y sensibilización para funcionarios públicos y la sociedad en general puede contribuir a actitudes discriminatorias y a la falta de comprensión sobre las necesidades de las personas con discapacidad.

- La falta de políticas inclusivas en el ámbito educativo puede limitar el acceso a una educación de calidad para las personas con discapacidad.

Fig. 4. En ocasiones los pasillos no están adaptados y no permiten el tránsito de sillas de ruedas, por ejemplo

Por último, respecto a los problemas a los que se enfrenta una persona con discapacidad en el transporte de viajeros, suelen estar directamente relacionados, sobre todo, con la accesibilidad. Si no existe una infraestructura y un servicio de transporte adaptado a sus necesidades, supondrá una dificultad para su autonomía y dependencia.

Algunos de estos problemas incluyen los que se mencionan a continuación:

- **Falta de accesibilidad:** Muchos sistemas de transporte carecen de infraestructuras y vehículos adaptados para personas con discapacidad, como rampas, ascensores y espacios designados para sillas de ruedas. Además, se pueden encontrar con pasillos estrechos, alturas a las que es imposible acceder, escaleras, pasamanos y barandillas que dificultan el acceso, y dispositivos de seguridad que no están al alcance.

- **Falta de formación del personal:** Los conductores y otros empleados del transporte a veces no están adecuadamente capacitados para asistir a personas con discapacidad, lo que puede resultar en experiencias desafiantes y, en algunos casos, en trato discriminatorio.

- **Ausencia de información accesible:** La falta de información accesible sobre rutas, horarios y cambios en el servicio puede dificultar la planificación de viajes para personas con discapacidad visual o auditiva.

- **Inconsistencia en la aplicación de normativas:** Aunque existan normativas y leyes que requieren la accesibilidad en el transporte público, la falta de aplicación y supervisión puede llevar a la inconsistencia en la implementación de medidas accesibles.

- **Costos adicionales**: Las personas con discapacidad pueden enfrentar costos adicionales asociados con el uso de servicios de transporte adaptado o la necesidad de contratar asistencia personal para acceder a ciertos modos de transporte.

Fig. 5. Las paradas deben estar accesibles y bien señalizadas

- **Infraestructuras no adaptadas en estaciones:** Las estaciones de transporte, como paradas de autobús, a menudo carecen de infraestructuras adaptadas, como señalización accesible, plataformas elevadas y pasamanos.

- **Falta de vehículos accesibles en servicios privados**: Servicios privados de transporte, como taxis y servicios de transporte compartido, a veces no cuentan con vehículos adaptados para personas con discapacidad.

- **Inseguridad en el transporte**: La falta de iluminación adecuada, la falta de personal de seguridad capacitado y otros problemas pueden hacer que el transporte público sea inseguro para algunas personas con discapacidad.

3. Conocimiento de la normativa

La normativa referente a discapacidad en España es el **Real Decreto Legislativo 1/2013,** de 29 de noviembre, por el que se aprueba el Texto Refundido de la Ley General de derechos de las personas con discapacidad y de su inclusión social. Esta ley aboga por los siguientes principios:

- Independencia.
- Dignidad.
- Respeto.
- No discriminación.

Respecto a la discriminación, se distinguen tres tipos que deben evitarse a la hora de tratar con el colectivo de personas con discapacidad, a saber:

- **Directa:** Cuando se discrimina directamente a la persona.
- **Indirecta:** Cuando se discrimina al colectivo.
- **Por asociación** Cuando se discrimina a las personas que se relacionan con los discapacitados.

Por otro lado, está el **Real Decreto 1544/2007**, de 23 de noviembre, por el que se regulan las condiciones básicas de accesibilidad y no discriminación para el acceso y utilización de los modos de transporte para personas con discapacidad.

Este promulga que los vehículos que vayan a realizar el servicio de transporte de personas con discapacidad tienen que cumplir una serie de requisitos como:

- Estar adaptados para su acceso y descenso del vehículo a través de rampas o cualquier otra suerte de plataforma que permita el apeo y subida al bus.

- Disponer de espacios reservados para sillas de ruedas, y sus anclajes de seguridad.
- Disponer de espacio para dispositivos auxiliares. Todos los aparatos ortopédicos del pasajero podrán ser transportados en el maletero sin coste adicional (por ejemplo, sillas). También se reservarán espacios para ubicar otros enseres dentro del autobús (muletas, calzos, etc.).
- Contar con acompañantes o personal de apoyo al viaje.
- Disponer de todos los dispositivos del autobús al alcance del pasajero: barandilla, asidera, agarraderas, etc., que permitan el impulso de la silla a través de los pasillos. Pulsador de stop a la altura del pasajero discapacitado.

4. Identificación de tipos de barreras: arquitectónicas y sociales

Por un lado, las arquitectónicas pueden crear obstáculos para individuos con movilidad reducida, discapacidades visuales, auditivas u otras condiciones que requieran adaptaciones específicas en el entorno físico.

Vocabulario

- **Barrera arquitectónica:** es un elemento físico o una característica del diseño estructural que dificulta o impide la libre circulación y accesibilidad de personas con discapacidad en entornos construidos.
- **Barrera social:** cualquier obstáculo, actitud o práctica en la sociedad que limita o impide la participación plena e igual de individuos o grupos específicos.

Por su parte, las sociales pueden surgir de actitudes discriminatorias, falta de conciencia, estereotipos negativos, políticas excluyentes o prácticas culturales que obstaculizan el acceso y la igualdad de oportunidades para ciertos segmentos de la población. En el contexto de la discapacidad, las barreras sociales pueden manifestarse a través de estigmatización, discriminación laboral, falta de accesibilidad en entornos públicos, falta de inclusión en actividades comunitarias, limitaciones en la educación y otros aspectos que excluyen o dificultan la participación de personas con discapacidad.

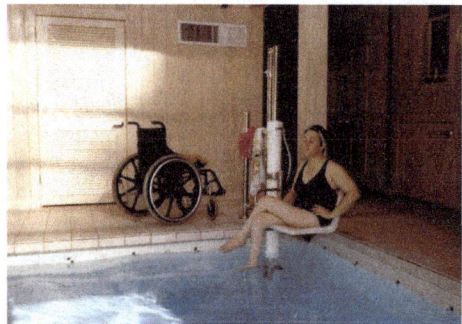

Fig. 6. Las personas con discapacidad tienen derecho a la libre circulación y acceso a diferentes edificios

Respecto a los tipos de barreras arquitectónicas, se pueden clasificar en cuatro categorías que se mencionan a continuación:

- **Barreras arquitectónicas urbanísticas (BAU):** Son obstáculos físicos o elementos del entorno construido en un entorno urbano que dificultan o impiden la movilidad y accesibilidad de las personas, en especial aquellas con discapacidades o movilidad reducida. Estas barreras pueden afectar a la circulación peatonal, el acceso a edificios, la utilización de transporte público y otros aspectos de la vida urbana. Algunos ejemplos incluyen:

  o Ausencia de rampas en aceras o cruces de calles, dificultando el acceso a personas en sillas de ruedas o con dificultades de movilidad.
  o Edificios sin accesos nivelados o con escalones altos que complican la entrada a personas con discapacidad física.
  o Falta de señalización táctil o visual adecuada para personas con discapacidad visual.
  o Aceras estrechas o en mal estado pueden representar obstáculos para personas con movilidad reducida.
  o Ausencia de espacios de estacionamiento reservados para personas con discapacidad.
  o Paradas de autobús o estaciones de tren sin adecuaciones para facilitar el acceso a personas con discapacidad.

o Edificios sin ascensores o elevadores accesibles, limitando el acceso a personas con movilidad reducida.

o Falta de adaptaciones en parques y áreas recreativas que dificultan la participación de personas con discapacidad.

- **Barreras arquitectónicas de edificación (BAE):** Son elementos o características presentes en la estructura de un edificio que dificultan o impiden el acceso y la movilidad de personas con discapacidades o limitaciones físicas. Estas barreras pueden afectar a la capacidad de las personas para ingresar, circular y utilizar los servicios dentro de un edificio.

Estas barreras no solo afectan a las personas con discapacidad, sino que también pueden tener impacto en la accesibilidad para personas mayores, padres/madres con cochecitos de bebé y otros grupos.

Fig. 7. Los edificios deben disponer de adaptaciones que no limiten la accesibilidad de las personas con discapacidad

Algunos ejemplos incluyen:

o La falta de rampas o ascensores puede dificultar el acceso de personas con movilidad reducida, como aquellas que utilizan sillas de ruedas.

o Puertas estrechas o pesadas que pueden representar un obstáculo para personas con discapacidad física, especialmente aquellas que utilizan ayudas de movilidad.

o Baños sin adaptaciones, como barras de apoyo y espacio suficiente para maniobrar, pueden limitar la accesibilidad para personas con discapacidad.

o Pasillos estrechos o llenos de obstáculos pueden dificultar la circulación de personas con discapacidad.

o Falta de señalización visual o táctil que dificulta la orientación para personas con discapacidad visual.

o La falta de iluminación adecuada puede afectar la visibilidad y la seguridad, especialmente para personas con discapacidad visual.

o Áreas comunes como salas de conferencias o salones de eventos sin adaptaciones pueden limitar la participación de personas con discapacidad.

o La falta de ascensores o rampas para acceder a plantas superiores excluye a personas con movilidad reducida.

- **Barreras arquitectónicas de transporte (BAT):** Son obstáculos físicos o elementos en la infraestructura del sistema de transporte que dificultan o impiden la movilidad y accesibilidad de las personas, especialmente aquellas con discapacidades o limitaciones físicas. Estas barreras pueden afectar la capacidad de las personas para utilizar el transporte público o privado de manera efectiva y segura.

Algunos ejemplos incluyen:

o La ausencia de rampas o ascensores en estaciones de tren, autobús o metro dificulta el acceso para personas con movilidad reducida.

o La falta de acceso adaptado en autobuses y trenes limita la capacidad de personas con discapacidad para utilizar estos servicios.

o La falta de espacios designados para sillas de ruedas o dispositivos de movilidad en vehículos públicos o privados.

o La ausencia de información visual o auditiva en estaciones y vehículos dificulta la orientación para personas con discapacidad visual o auditiva.

o Obstáculos físicos en estaciones y paradas de transporte, como escalones, pueden limitar el acceso para personas con movilidad reducida.

o La falta de adaptaciones en vehículos privados, como taxis, puede dificultar la movilidad para personas con discapacidad.

o Falta de rampas, cruces peatonales accesibles y aceras en mal estado pueden representar barreras para la movilidad.

- **Barreras de comunicación (BC):** Son obstáculos que dificultan o impiden la transmisión efectiva de información entre las personas. Estas barreras pueden surgir por diversas razones, y afectan la comprensión y el intercambio de mensajes en diferentes contextos, como la comunicación interpersonal, la comunicación grupal, la comunicación organizacional o la comunicación en entornos públicos.

  Algunos ejemplos que afectan a las personas con discapacidad incluyen:
  - Falta de adaptaciones para personas con discapacidades visuales, auditivas o cognitivas.
  - Ausencia de intérpretes de lenguaje de señas para personas sordas.
  - Falta de acceso a tecnologías de asistencia para personas con discapacidades.
  - Prejuicios y estereotipos que afectan la interpretación de los mensajes.
  - Obstáculos físicos que dificultan la visibilidad y el contacto visual.
  - Distancia física que dificulta la audición o la visión de la persona que habla.
  - Actitudes negativas, como la falta de empatía o el desinterés, que pueden afectar la calidad de la comunicación.

 **Importante**

La eliminación de los diferentes tipos de barreras arquitectónicas es esencial para lograr:
- Ciudades inclusivas y accesibles para todas las personas.
- La igualdad de oportunidades y la plena participación de todas las personas en la vida comunitaria y social.
- La inclusión y la movilidad de todas las personas en el contexto del transporte público y privado.
- Promover la comunicación inclusiva, comprensible y efectiva en diversos entornos y contextos.

Respecto a los tipos de barreras sociales, estas pueden ser:

- **Estigma y discriminación:** Actitudes negativas como los estereotipos y prejuicios pueden resultar en discriminación y exclusión social. Además, está la falta de empatía, es decir, la falta de comprensión que puede llevar a actitudes insensibles hacia las necesidades de las personas con discapacidad.

  Por otro lado, existe un estigma asociado a los problemas de salud mental que puede afectar la búsqueda de ayuda y apoyo. También, la falta de servicios accesibles contribuye a desafíos en la atención de la salud mental.

- **Limitaciones en el empleo:** La discriminación laboral y en el lugar de trabajo dificulta el acceso a empleo para personas con discapacidad. Además, existe falta de adaptaciones en el trabajo que limita la participación en el trabajo.

- **Aislamiento social:** La falta de participación en actividades comunitarias y eventos pueden llevar al aislamiento.

- **Limitaciones en la educación y la formación:** La falta de educación inclusiva y la falta de accesibilidad y adaptaciones en las escuelas puede limitar el acceso a la educación para personas con discapacidad. Por otro lado, la falta de capacitación puede llevar a interacciones desafiantes en entornos públicos y laborales.

- **Falta de representación en los medios:** La imagen limitada en los medios y la falta de representación en estos puede contribuir a estereotipos y falta de conciencia.

- **Falta de conciencia comunitaria:** La falta de conciencia sobre las necesidades de las personas con discapacidad contribuye a barreras sociales.

 **Importante**

Superar las barreras sociales implica no solo la eliminación de obstáculos tangibles, como las barreras arquitectónicas, sino también abordar percepciones erróneas, promover la sensibilización y fomentar una cultura inclusiva que valore y respete la diversidad de habilidades y experiencias. Abordar todas estas barreras implica tanto la mejora de la accesibilidad física como la promoción de una cultura inclusiva y la conciencia social para garantizar que todas las personas tengan igualdad de oportunidades y puedan participar plenamente en la sociedad. Las normativas, regulaciones y leyes deben buscan abordar y eliminar todas estas barreras para mejorar la calidad de vida de las personas con discapacidad.

5. Asertividad y empatía

La asertividad es una habilidad de comunicación que se caracteriza por expresar de manera clara y directa las propias opiniones, necesidades y deseos, respetando al mismo tiempo los derechos y opiniones de los demás. Ser asertivo implica comunicarse de manera honesta, abierta y respetuosa, sin recurrir a la agresión ni a la sumisión.

Algunas características de la asertividad incluyen:

- **Comunicación directa:** Hay que comunicar los pensamientos y sentimientos de manera clara y directa, sin rodeos ni ambigüedades.
- **Respeto:** A pesar de expresar las necesidades, se debe respetar los derechos y opiniones de los demás, buscando un equilibrio entre los propios intereses y los de los demás.
- **Establecimiento de límites:** Se debe ser capaz de establecer límites y decir "no" cuando es necesario, sin sentirse culpable o permitir que los demás manipulen.
- **Escucha activa:** Además de expresar las propias ideas, se practica la escucha activa, mostrando interés y empatía hacia las opiniones de los demás.
- **Autoafirmación:** La asertividad no implica agresión ni hostilidad. Es la capacidad de expresarse de manera firme pero respetuosa, sin menospreciar a los demás.

- **Manejo de conflictos:** Se deben abordar los conflictos de manera constructiva, buscando soluciones y compromisos en lugar de imponer las opiniones de manera autoritaria.

La asertividad es una habilidad social que contribuye a relaciones interpersonales saludables, tanto en el ámbito personal como en el profesional. Permite la expresión efectiva de ideas y necesidades, promoviendo la comunicación abierta y la resolución de conflictos de manera positiva.

Por otro lado, la empatía se refiere a la capacidad de comprender y compartir los sentimientos, pensamientos y experiencias emocionales de otra persona. Implica ponerse en el lugar del otro, percibir su perspectiva y responder de manera compasiva. La empatía va más allá de simplemente entender intelectualmente las emociones de alguien; implica conectarse emocionalmente y mostrar un interés genuino por las experiencias y necesidades de los demás.

Fig. 8. La empatía es la capacidad de ponerse "en la piel" de otra persona

Entre sus características, cabe destacar:

- La capacidad de comprender las emociones de los demás, incluso si no se comparten las mismas experiencias.
- Prestar atención de manera activa a lo que la otra persona está expresando, tanto verbal como no verbalmente.

- Ser capaz de expresar comprensión y validación de los sentimientos de la otra persona.
- Evitar emitir juicios o críticas, y en su lugar, aceptar y respetar las emociones y experiencias de los demás.
- Mostrar disposición para proporcionar apoyo emocional, ya sea a través de palabras de aliento, gestos amables o simplemente estar presente.
- Imaginar cómo se siente alguien al ponerse en su situación, reconociendo que las experiencias pueden variar.

La empatía es una habilidad que facilita la conexión emocional y promueve la comprensión mutua. En entornos profesionales, la empatía puede mejorar la comunicación, fortalecer los equipos de trabajo y contribuir a un ambiente colaborativo.

Estas dos habilidades son fundamentales en la atención al cliente, especialmente en el sector del transporte de viajeros, ya que contribuyen a la creación de experiencias positivas para los pasajeros y al establecimiento de relaciones efectivas. A continuación, se describe cómo cada una de estas habilidades se pueden aplicar por los empleados en este contexto.

Asertividad	Empatía
Comunicarse clara, directa y eficazmente con los pasajeros, proporcionando información precisa sobre rutas, horarios y servicios. Abordar de manera efectiva situaciones problemáticas, como retrasos o cambios en el itinerario. Proporcionar información transparente y soluciones alternativas contribuye a la satisfacción del cliente. Establecer límites de manera respetuosa. En el transporte de viajeros, esto puede incluir hacer cumplir políticas y normativas para garantizar la seguridad y comodidad de todos los pasajeros. Estar abiertos a recibir retroalimentación de los clientes. Escuchar de manera receptiva y responder de manera constructiva ayuda a mejorar la calidad del servicio. Abordar las quejas de los pasajeros de manera proactiva, buscando soluciones que satisfagan las necesidades de ambas partes.	Comprender las necesidades y preocupaciones del cliente. En el transporte de viajeros, se debe poner esfuerzo en entender las expectativas de los pasajeros y ofrecer un servicio que satisfaga esas necesidades. Manejar las emociones de los pasajeros de manera sensible. Esto es especialmente importante en situaciones estresantes, como retrasos o interrupciones en el servicio. Adaptarse a diversas situaciones y comprender las diferentes experiencias de los pasajeros. Esto puede incluir la atención a personas con necesidades especiales o la comprensión de las diferencias culturales. Ofrecer ayuda de manera proactiva. Anticiparse a las necesidades de los pasajeros y brindar asistencia adicional. Cuidado de los detalles. Atender a pequeños detalles, como la comodidad del pasajero o la atención a las necesidades individuales, demuestra preocupación y empatía.

La combinación de ambas habilidades puede marcar la diferencia en la satisfacción del cliente y contribuir a la construcción de una reputación positiva para la empresa de transporte. Además, su aplicación es especialmente importante al interactuar con personas con discapacidad, ya que contribuye a la creación de entornos inclusivos y a relaciones respetuosas.

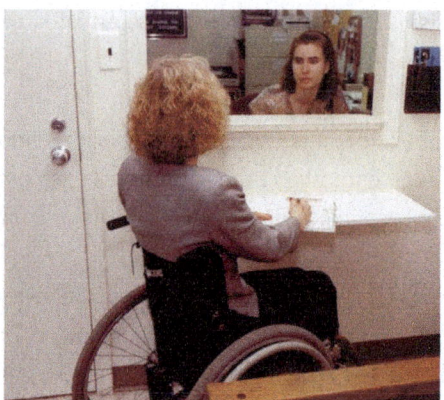

Fig. 9. La combinación de asertividad y empatía contribuye a un trato justo, respetuoso y centrado en las necesidades de las personas con discapacidad

Por tanto, al tratar con personas con discapacidad recuerda:

- Ser respetuoso.
- Ser un defensor de sus derechos y abogar por la accesibilidad y la igualdad de oportunidades. Escuchar sus necesidades y preocupaciones, y prestar atención a sus expresiones verbales y no verbales.
- Buscar soluciones que respeten las necesidades y dignidad de la persona.
- Ser flexible y adaptarse a diferentes situaciones.
- Evitar emitir juicios o hacer suposiciones sobre las capacidades de una persona basándose únicamente en su discapacidad.
- Ofrecer apoyo de manera proactiva, pero respetando la autonomía de la persona.
- Prestar atención a los detalles y necesidades específicas.
- Ser sensible a las emociones de la persona, hay que reconocer y validar las emociones sin juzgar.

Resumen

Una discapacidad se puede definir como una afección del cuerpo o la mente que hace más difícil que una persona haga ciertas actividades (limitación de la actividad) e interactúe con el mundo que la rodea (restricciones a la participación).

Existen diferentes tipos de discapacidad y su clasificación puede variar, pero generalmente se dividen en: física (limitación de la movilidad o habilidad para realizar actividades cotidianas); sensorial (limitación en los sentidos de la persona como la vista o el oído); intelectual (limitación en el funcionamiento intelectual y en la conducta adaptativa); y psíquica (son condiciones de salud mental que afectan el pensamiento, el estado de ánimo y el comportamiento de una persona).

En su día a día, las personas con discapacidad se enfrentan a diferentes problemas que afectan a su autonomía, a su accesibilidad, y a su acceso a determinados servicios como la sanidad y oportunidades laborales.

Estos problemas se deben abordar desde normativas inclusivas que acaben con estas restricciones. En España cabe destacar el Real Decreto Legislativo 1/2013 y el Real Decreto 1544/2007 en los que se establecen sus derechos y se regulan las condiciones básicas de accesibilidad y no discriminación.

Muchos de estos problemas tienen que ver con las barreras arquitectónicas y sociales. Las primeras relacionadas con elementos físicos o características del diseño estructural que dificulta o impide la libre circulación y accesibilidad de personas con discapacidad en entornos construidos. Mientras que las segundas tienen que ver con cualquier obstáculo, actitud o práctica en la sociedad que limita o impide la participación plena e igual de individuos o grupos específicos.

Para solventar estas barreras se deben tomar numerosas medidas como adaptación de accesos a edificios con rampas, mejora de la señalización, y respecto a las sociales, las habilidades de asertividad y empatía son clave.

Por un lado, la asertividad ayuda a expresar de manera clara y directa las propias opiniones, necesidades y deseos, respetando al mismo tiempo los derechos y opiniones de los demás. Mientras que la empatía se trata de comprender y compartir los sentimientos, pensamientos y experiencias emocionales de otra persona. Ambas son fundamentales en la atención al cliente, especialmente en el sector del transporte de viajeros, ya que contribuyen a la creación de experiencias positivas para los pasajeros y al establecimiento de relaciones efectivas.

Glosario

Congénito

Rasgo o afección que está presente desde el nacimiento o que se desarrolla antes del nacimiento. Se utiliza principalmente para describir características, condiciones o anomalías que están presentes en un individuo desde el momento de su nacimiento.

Discapacidad

Afección del cuerpo o la mente que hace más difícil que una persona haga ciertas actividades (limitación de la actividad) e interactúe con el mundo que la rodea (restricciones a la participación).

Estigma

Desaprobación social, el rechazo o la discriminación que experimenta un individuo o un grupo de personas debido a ciertas características, condiciones o identidades percibidas como diferentes, atípicas o socialmente estigmatizadas.

Hipoacusia

Pérdida parcial de la capacidad auditiva en uno o ambos oídos. Esta condición puede variar en grados, desde una pérdida leve de la audición hasta una pérdida severa o total.

Proactividad

Capacidad de tomar la iniciativa, asumir el control de las circunstancias y ser responsable de las acciones y decisiones propias.

Ejercicios de autoevaluación

1. ¿A quiénes pueden afectar las barreras físicas en un entorno urbano?

   a. A personas con discapacidades o movilidad reducida.

   b. Únicamente a personas con discapacidades visuales.

   c. Únicamente a personas con movilidad reducida.

2. ¿Qué es una barrera social?

   a. Un obstáculo físico que limita la participación de individuos o grupos específicos.

   b. Una actitud o práctica en la sociedad que facilita la participación plena e igual de individuos o grupos específicos.

   c. Un obstáculo, actitud o práctica en la sociedad que limita la participación plena e igual de individuos o grupos específicos.

3. La falta de rampas, pasillos estrechos, ascensores inaccesibles o baños sin adaptar en un edificio público, son ejemplos de barreras:

   a. Arquitectónicas urbanísticas.

   b. Arquitectónicas de edificación.

   c. Arquitectónicas de transporte.

4. La falta de conciencia sobre las necesidades de las personas con discapacidad es un tipo de barrera:

   a. Arquitectónica.

   b. Social.

   c. Ambas respuestas son correctas.

5. **Algunas de las características que incluye la asertividad son:**

   a. Practicar la escucha activa.

   b. Comprender las emociones de los demás.

   c. Evitar emitir juicios o críticas.

6. **Los problemas que afectan directamente a la movilidad o el control muscular, como parálisis cerebral, amputaciones o lesiones en la médula espinal, son un tipo de discapacidad:**

   a. Orgánica.

   b. Motora.

   c. Sensoriomotora.

7. **Una práctica empática en la atención al cliente en el transporte de viajeros con discapacidad es:**

   a. Comunicarse clara, directa y eficazmente con los pasajeros.

   b. Establecer límites de manera respetuosa.

   c. Ofrecer ayuda de manera proactiva. Anticiparse a las necesidades de los pasajeros y brindar asistencia adicional.

8. **¿Cuál es un ejemplo de discapacidad sensorial asociada al habla?**

   a. Dislexia.

   b. Hipoacusia.

   c. Autismo.

9. **¿En qué contextos pueden surgir las barreras de comunicación?**

   a. En diferentes contextos como la comunicación interpersonal, la comunicación grupal, la comunicación organizacional o la comunicación en entornos públicos.

   b. Solo en la comunicación interpersonal.

   c. Solo en la comunicación grupal.

10. ¿Cuál de las siguientes opciones no se menciona como una forma común de discapacidad física?

a. Discapacidad cognitiva.

b. Discapacidad motora.

c. Discapacidad sensoriomotora.

U. A. 2. Aplicación de equipos y técnicas para una atención adecuada al discapacitado

Introducción

La aplicación de equipos y técnicas para una atención adecuada es esencial para garantizar la inclusión y la calidad de vida de las personas con discapacidad. En la búsqueda de una sociedad más equitativa, es fundamental que los servicios, instalaciones y entornos sean accesibles y adaptables a diversas necesidades. Este enfoque no solo cumple con obligaciones legales y normativas, sino que también refleja un compromiso ético y social hacia la diversidad y la igualdad de oportunidades.

Aunque una atención adecuada no solo se traduce en el cumplimiento de requisitos legales, sino que también se asocia con el respeto a la dignidad y los derechos fundamentales de cada individuo. Al aplicar equipos y técnicas específicas, se crea un entorno que facilita la participación activa y la autonomía de las personas con discapacidad.

Por todo esto, para una atención adecuada en el transporte de viajeros con discapacidad es fundamental conocer la utilización de equipos asistenciales, como sillas de ruedas, animales guía, señalización sonora y lumínica, información en braille, dispositivos reflectantes, etc. Además, se debe tener en cuenta la adaptación de vehículos y sistemas de transporte público como estaciones y paradas.

Ofrecer una supervisión y asistencia personalizada contribuye a la seguridad y a la satisfacción de las necesidades individuales de las personas con discapacidad.

Objetivos

- Familiarizarse con una variedad de equipos y ayudas técnicas disponibles para personas con discapacidad.
- Aprender a seleccionar y aplicar equipos y tecnologías de asistencia según las necesidades individuales de cada persona.
- Aprender a realizar evaluaciones de accesibilidad y proponer modificaciones necesarias. Comprender cómo adaptar entornos físicos para hacerlos más accesibles y seguros para personas con discapacidad.
- Abordar cuestiones éticas relacionadas con la atención y el apoyo a personas con discapacidad.

1. Aplicación de ayudas a una persona discapacitada: usuarios de sillas de ruedas, personas con movilidad reducida, acompañamiento a invidentes, animales guía, etc.

La aplicación de ayudas a personas con discapacidad implica un enfoque integral para garantizar que tengan acceso equitativo a servicios y espacios relacionados con el transporte de viajeros.

Fig. 1. Los autobuses dispondrán de barras asideras que faciliten la entrada y salida del mismo. Además, los bordes de las escaleras deberán estar rotulados en un color fluorescente

En primer lugar, hay que asegurarse que las instalaciones están diseñadas con acceso universal. Esto incluye rampas, ascensores, baños accesibles y pasillos amplios.

Los vehículos de transporte de viajeros con discapacidad deben estar adaptados, con rampas o ascensores, para facilitar la entrada y salida de personas con movilidad reducida. También se debe designar y asegurar espacios reservados para estos usuarios.

En el caso específico de los autobuses, las características deberán ser las siguientes:

- Todo el acceso de la cabina deberá estar acompañada de barras, barandillas y manillas de sujeción que permitan el tránsito sin dificultad.
- La altura de acceso desde la acera al primer escalón del autobús será inferior a 25 centímetros (al menos en una de las puertas de servicio).

- Desde la puerta de acceso al espacio reservado en silla, no habrá ningún obstáculo: ni escalones, ni badenes ni dobles alturas. El recorrido se procurará sea lo menos posible.
- Habrá un pulsador de stop en el asiento reservado para la silla de ruedas.
- El ancho de la puerta de acceso a los viajeros con discapacidad, deberá ser superior a 900 mm.
- La rampa de acceso no presentará cambios de pendiente y no habrá resaltes en el punto de unión.

En algunos casos, el autobús dispondrá de una rampa de acceso, elevador o sistema de inclinación "*kneeling*". En este caso el vehículo dispondrá de medidas específicas de seguridad para evitar dañar a algún otro pasajero durante la inclinación.

Un autobús dotado del sistema *kneeling* es un vehículo que se inclina de forma que no deja hueco entre el acerado y el primer escalón del autobús. Viene del inglés "*To kneel*", arrodillarse.

Fig. 2. Un autobús provisto de sistema kneeling tiene acceso directo a la altura de la acera

Por otro lado, se puede ofrecer asistencia personalizada para ayudar a estas personas, como apoyo para facilitar el abordaje y desembarque en el transporte.

En el caso de una persona que vaya en silla de ruedas o que tenga movilidad reducida, algunas actuaciones que se pueden llevar a cabo son:

- Asegurarse de que la persona tenga acceso a los espacios y plazas reservadas para el caso.
- Facilitar el acceso sin bloquear el espacio y permitiendo que la persona realice las maniobras necesarias.
- Asegurarse de que la rampa esté desplegada, etc.
- Ayudar empujando la silla de ruedas si es necesario, siguiendo las indicaciones y preferencias de la persona, y siempre que esta haya aceptado la ayuda.

 Importante

El transporte de las sillas de ruedas y otro equipamiento de asistencia deberá ser admitido sin sobrecoste para el usuario y podrá ser transportados en el maletero.

En el caso de una persona invidente o que vaya acompañada de un animal guía, algunas actuaciones que se pueden llevar a cabo son:

- Asegurarse de que la persona tenga acceso a los espacios y plazas reservadas para el caso.
- Reconocer al animal guía sin distraerlo ni interactuar con él. El animal guía está trabajando y debe mantener su atención en su tarea de asistir a la persona invidente.
- No acariciar ni interactuar con el animal guía sin obtener permiso de la persona dueña. Estos animales están entrenados para no distraerse mientras están en servicio.
- Ofrecer ayuda a la persona para abordar o desembarcar del transporte, pero siempre preguntando cómo y respetando las indicaciones de la persona.
- Proporcionar información clara sobre el trayecto, como anuncios audibles y visuales, para ayudar a la persona a ubicarse en el transporte.

Fig. 3. Las personas con discapacidades sensoriales pueden utilizar diversos métodos y ayudas técnicas

 **Importante**

Antes de ofrecer ayuda a cualquier persona con discapacidad, hay que preguntar primero si necesita asistencia. Es fundamental respetar la autonomía de la persona y permitirle decidir si requiere ayuda y, en caso afirmativo, en qué medida.

 **Truco**

En el caso de personas con otro tipo de discapacidad no mencionada anteriormente, las pautas a seguir para ayudar serán las mismas que se han mencionado pero adaptadas a cada situación.

Otro aspecto fundamental de ayuda es proporcionar en los sitios información clara y accesible. Existen diferentes tipos de señalizaciones y dispositivos diseñados para que sean accesibles y comprensibles para las personas con discapacidad. Algunos de los más frecuentes son:

- Anuncios sonoros para informar sobre horarios, cambios y otros detalles relevantes.

- Utilizar letras y números grandes y de alto contraste en la señalización para facilitar la lectura a personas con discapacidad visual o con dificultades para la vista.
- Incluir información en Braille en letreros y señalizaciones para personas ciegas o con discapacidad visual.
- Colocar pavimentos táctiles en el suelo para guiar a personas con discapacidad visual o invidentes, especialmente en estaciones y cruces peatonales.
- Utilizar símbolos reconocidos internacionalmente para indicar información como baños, salidas de emergencia y ascensores.
- Proporcionar mapas táctiles en edificios para que las personas con discapacidad visual puedan explorar el entorno de manera táctil.
- Para personas con discapacidad auditiva, asegurarse de que la información en tiempo real, como horarios de transporte, se presente visualmente en pantallas.
- Asegurarse de que la información en sitios web, aplicaciones sea accesible mediante tecnologías de asistencia.
- Utilizar combinaciones de colores de alto contraste para facilitar la visibilidad de la información visual para personas con discapacidad visual.
- Proporcionar información en formatos accesibles, como versiones en texto electrónico, audio y formatos de fácil lectura para personas con discapacidad cognitiva.
- Utilizar sistemas visuales y vibratorios para alertar a personas con discapacidad auditiva sobre situaciones importantes o emergencias.

En todos los casos se deberá cumplir con la normativa existente al respecto, en el caso del transporte de viajeros:

- Dispondrá de un número mínimo de plazas reservadas para personas con discapacidad.
- Los animales guía deberán poder acceder al transporte sin coste alguno. Serán responsabilidad de su dueño y ocuparán espacio en el pasillo durante el trayecto. Además, deberán ser admitidos en el transporte sin ningún coste adicional.
- Cualquier proyección audiovisual durante el itinerario deberá estar subtitulada.

El conductor no solo deberá cumplir las normas sino que velará porque el resto de pasajeros las cumplan. Además, este está obligado a disponer y retirar las rampas de acceso y demás equipos de asistencia que sean necesarios, sean mecánicos o manuales.

Por último, en la conducción se deberán tener en cuenta las siguientes consideraciones:

- Ajustar la velocidad al contexto, se deberá evitar acelerones y frenazos en pro del confort de los pasajeros.
- Emplear el freno motor más que el auxiliar y el de servicio. Esta aminoración de la velocidad evita vibraciones molestas para los viajeros.
- Las maniobras deberás ser aún más suaves que cuando se viaja con otro tipo de pasajeros. Los movimientos bruscos del autobús pueden ocasionar daños, por ejemplo, a un pasajero en silla de ruedas.

2. Gestión de equipos de asistencia y formas de utilización

Los medios de transporte deben estar equipados convenientemente para el transporte de pasajeros con discapacidad. El Real Decreto 1544/2007 de 23 de noviembre, en sus anexos, establece las condiciones básicas de accesibilidad y no discriminación para el acceso y utilización de los modos de transporte para personas con discapacidad.

En su **Anexo V,** establece las condiciones básicas de accesibilidad en el transporte urbano y suburbano en autobús. En el epígrafe "2. Material móvil" y subepígrafe "2.1. Autobuses urbanos", se señala lo siguiente:

a. La altura desde la calzada al piso del autobús por al menos una de las puertas de servicio, no ha de ser mayor de 250 milímetros. Esta altura se podrá medir con el sistema de inclinación (*kneeling*) activado.

b. Debe existir una superficie libre de asientos con capacidad para alojar al menos a un pasajero en silla de ruedas, el rectángulo que forma esta superficie, se posicionará con el lado mayor paralelo al eje longitudinal del vehículo. En esta superficie no podrá existir ningún escalón ni cualquier otro obstáculo. La superficie de alojamiento para una silla de ruedas ha de tener unas dimensiones mínimas de longitud de 1.300 milímetros y anchura de 750 milímetros.

c. El pasajero en silla de ruedas deberá posicionarse, en la superficie mencionada, con la silla de ruedas mirando hacia atrás.

d. La persona que viajará en su silla de ruedas deberá apoyar espalda y cabeza en un respaldo o mampara almohadillada. Una altura mínima de 1.300 milímetros (para apoyo de espalda y cabeza) y una anchura de 300 milímetros (para que la silla pueda aproximarse por entre sus ruedas traseras), pueden servir como orientación para dimensionar la mampara.

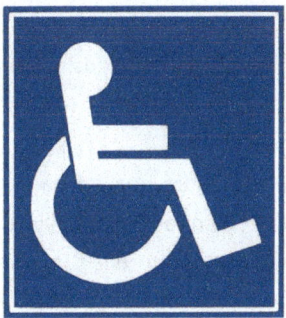

Fig. 4. Tanto el acceso como el interior y los pulsadores estarán señalizados con el Símbolo Internacional de Accesibilidad (SIA)

e. En el espacio reservado para pasajeros en silla de ruedas, se instalará en el lateral del vehículo una barra horizontal de manera que permita al pasajero asirla con facilidad.

f. El itinerario desde la puerta de acceso de los pasajeros en silla de ruedas, hasta el espacio reservado, será practicable para estos pasajeros. En este itinerario no podrá por tanto existir ningún escalón o cualquier obstáculo.

g. Solicitud de parada. Se instalará en el interior y, en el espacio reservado para pasajeros en silla de ruedas un pulsador de solicitud de parada, que indicará al conductor que un pasajero de estas características quiere salir del autobús. En el exterior del vehículo, a la derecha o izquierda de la puerta de acceso para pasajeros en silla de ruedas, se instalará un pulsador. Estos pulsadores estarán señalizados con el símbolo internacional de accesibilidad (SIA), el pictograma interior puede a su vez servir como indicador de reserva del espacio.

h. El ancho libre de la puerta de acceso de los pasajeros en silla de ruedas, ha de ser mayor o igual a 900 milímetros. De existir en esta una barra central, al menos por uno de los lados deberá existir un espacio libre de 800 milímetros.

i. Será imprescindible dotar al vehículo de rampa motorizada o elevador y sistema de inclinación («*kneeling*») para facilitar el acceso a las personas con movilidad reducida. El paso desde la rampa al interior del vehículo no tendrá cambios de pendiente y se evitarán resaltes donde se unen la rampa y el piso del vehículo. En el sistema de inclinación lateral, se instalará un dispositivo de seguridad que evite que el vehículo al descender dañe alguna parte del cuerpo de cualquier persona.

j. Barras y asideros. Se dispondrá una trama completa de barras y asideros, sin zonas en las que existan dificultades para asirse. La superficie de barras, asideros y montantes de sujeción y ayuda en la progresión interior, deberá ser de un material antideslizante y color que contraste con su entorno. Se deberán fijar en ambos lados de las puertas de servicio barras y/o asideros.

Fig. 5. El pictograma interior sirve como indicador de reserva del espacio

k. Asientos reservados. Al menos cuatro asientos próximos a la puerta de acceso estarán reservados a personas con movilidad reducida, no usuarios de sillas de ruedas, señalizándolos con pictograma normado. Estos asientos no podrán estar en los pasos de ruedas por la excesiva altura. Se instalarán asideros en sus proximidades para ayuda en las operaciones de sentarse/levantarse y sujeción, así como un pulsador de solicitud de parada. El pulsador se situará al alcance de la mano. Los reposabrazos, de existir, podrán apartarse fácilmente.

l. Se hará referencia mediante pictograma, en lugar visible para todos los pasajeros, la aceptación de que las personas ciegas pueden viajar acompañadas de su perro guía y las que tengan otras discapacidades, con su perro de asistencia.

m. El piso del vehículo será de materiales que no produzcan reflejos y será no deslizante tanto en seco como en mojado. Si el autobús es de tipo articulado, el pavimento correspondiente a la articulación, tendrá un alto contraste en textura y color con relación a las áreas de pavimento adyacentes.

Fig. 6. La señalización acústica y sonora de las líneas y paradas es fundamental para los pasajeros con discapacidad sensorial

n. Información para pasajeros con discapacidad sensorial:
  o Información exterior. Se dispondrá de un avisador acústico y luminoso en las inmediaciones de la puerta de servicio de entrada con el fin de facilitar la localización de esta. El avisador acústico indicará mediante voz grabada o con cualquier otra técnica el número y/o línea del autobús.
  o Información interior. Se dispondrá de un dispositivo que de forma visual y sonora informe sobre parada solicitada y denominación de la próxima parada.

Para los municipios con un reducido número de vehículos y que por tanto no disponen del Sistema de Ayuda a la Explotación (SAE), este apartado n) es recomendable.

o. Acondicionamiento exterior. El SIA, ya mencionado, se fijará en la parte frontal derecha del autobús. La puerta que tenga los dispositivos de acceso para las personas en silla de ruedas, se señalizará en su parte exterior e interior con el mencionado logotipo de accesibilidad. El autobús dispondrá en su exterior de tres letreros en los que se coloque el número que le identifica y la línea a la que corresponde. Uno en la parte frontal, otro en la trasera y el tercero en el lateral derecho según el sentido de la marcha.

p. En el interior, la línea de borde del suelo de acceso, se señalizará en toda su longitud con una franja de 3 a 5 centímetros de ancho y color fuertemente contrastado en relación con el resto del suelo.

q. La información en los paneles luminosos interiores, deberán poseer caracteres gráficos con tamaño según norma.

Por otro lado, en el subepígrafe "2.2. Autobuses interurbanos-suburbanos", se señala lo siguiente:

- **Autobuses interurbanos-suburbanos de piso bajo.** Las condiciones básicas en estos autobuses son exactamente las mismas que se han establecido para los autobuses urbanos de piso bajo, es decir, las recogidas en los puntos anteriores 2.1. a), b), c), d) e), f), g), h), i), j), k), l), m), n), o), p) y q).

- **Autobuses interurbanos-suburbanos con escalones.** Los autobuses que por distintos motivos (itinerarios o longitud inferior a 9 metros) no pueden ser de piso bajo, tienen que cumplir las mismas especificaciones antedichas para los autobuses de piso bajo a excepción de la i) que en estos casos establece una nueva medida, pues en lugar de una rampa motorizada en estos autobuses se exige una plataforma elevadora. También se añade la disposición s).

Estas disposiciones, diferentes en los autobuses con escalones, quedan así:

- Será imprescindible dotar al vehículo de plataforma elevadora para facilitar el acceso a las personas con movilidad reducida.
- Escalones. La altura del primer escalón, el estribo, desde el pavimento a una de las puertas de servicio, no excederá de la altura establecida por la Directiva Europea. Esta altura se podrá conseguir un escalón escamoteable o cualquier otro sistema. Los restantes escalones, en caso de existir, tendrán una altura también limitada. Las tabicas del primer y último escalón estarán señalizadas mediante bandas fotoluminiscentes y de un color que contraste con la superficie de estas. Las huellas serán de material no deslizante, tanto en seco como en mojado, de profundidad mínima según norma y no volarán sobre la tabica. El extremo exterior de cada huella se señalizará con bandas fotoluminiscentes de un color que contraste con la superficie de estas y de distinta textura".

Respecto a lo mencionado en el Anexo V, cabe señalar cuáles son las características y formas de utilización de los dispositivos de acceso y salida como son la rampa motorizada o elevador y el sistema de inclinación (*kneeling*).

- **Rampa motorizada o elevador:**
  - Estos generalmente están ubicados en la puerta trasera o lateral del vehículo. Algunos vehículos pueden tener más uno, dependiendo de su diseño y capacidad.
  - El conductor activa el sistema de despliegue de la rampa motorizada o elevador desde el interior del vehículo. Puede hacerlo mediante un interruptor o un panel de control.
  - Este se despliega automáticamente desde el interior del vehículo hasta el suelo, proporcionando una superficie inclinada para que las personas con sillas de ruedas o movilidad reducida puedan entrar o salir del vehículo.
  - El pasajero con movilidad reducida puede acceder al vehículo utilizando la rampa o el elevador. Estos suelen ser lo suficientemente anchos y resistentes para acomodar sillas de ruedas y otros dispositivos de movilidad.

o Después de que el pasajero ha ingresado o salido del vehículo, la rampa o elevador se replegará automáticamente de nuevo al interior del vehículo para su almacenamiento seguro.

- **Sistema de inclinación (*kneeling*):**
  o El conductor activa el sistema de inclinación (*kneeling*) desde el interior del vehículo mediante un interruptor o panel de control.
  o El sistema de inclinación hace que el frente del vehículo baje más cerca del suelo, reduciendo la altura del escalón de entrada. Esto facilita el acceso de las personas con movilidad reducida al vehículo.
  o El pasajero puede ingresar o salir del vehículo aprovechando la inclinación reducida. Esto es especialmente útil para aquellos con dificultades para subir escalones o con dispositivos de movilidad.
  o Después de que todos los pasajeros han abordado o desembarcado, el conductor desactiva el sistema de inclinación y el vehículo vuelve a su nivelación normal.

En el **Anexo VII,** por otra parte, se establece las condiciones básicas de accesibilidad en el transporte en taxi. En el epígrafe "2. Taxis accesibles", se señala lo siguiente:

- **2.1. Generalidades.** Los vehículos que presten servicio de taxi o autotaxi y que se quieran calificar de accesibles, para poder transportar personas con discapacidad, deben satisfacer los requisitos recogidos en la Norma UNE 26.494 y sus posteriores modificaciones.

- **2.2. Medidas imprescindibles.** De entre las condiciones básicas, se señalan las medidas imprescindibles.
  o **2.2.1. Viajero en silla de ruedas.** El vehículo estará acondicionado para que pueda entrar y salir, así como viajar en el mismo una persona en su propia silla de ruedas; todo ello con comodidad y seguridad. Para ello el vehículo dispondrá de los medios homologados y/o la transformación o reforma de importancia necesarios. Estará dotado de un habitáculo que permita viajar a este pasajero de frente o de espaldas al sentido de la marcha, nunca transversalmente; llevará un respaldo con reposacabezas fijo (unido

permanentemente a la estructura del vehículo); dispondrá de anclaje de la silla de ruedas y un cinturón de seguridad de al menos tres puntos de anclaje para su ocupante. Estos dos últimos dispositivos será obligación del taxista colocarlos, si el usuario lo desea.

o **2.2.2. Otras personas.** Si la altura entre la calzada y el marco del umbral de la puerta lateral trasera es superior a 250 milímetros es obligatorio que lleve un escalón, con los requisitos especificados en la antedicha norma. Los taxis adaptados deberán llevar las tarifas escritas en sistema Braille.

Un vehículo tipo «furgoneta» (capacidad igual a 9 plazas, incluido el conductor) o un vehículo «todo terreno», que por sus características dimensionales podrían cumplir con los requisitos técnicos, no serán homologados como autotaxis accesibles por no responder al criterio fundamental de normalización".

En el **Anexo VIII,** por último, se establece las condiciones básicas de accesibilidad en los servicios de transporte especial. En el epígrafe "3. Material móvil", se señala lo siguiente:

El material móvil ha de tener unas medidas especialmente estrictas de accesibilidad.

- **Vehículos con capacidad hasta 9 plazas, incluido el conductor.** Estos vehículos, desde turismos a furgonetas, tendrán como condiciones básicas de accesibilidad las establecidas en la Norma UNE 26.494/2004 («Vehículos de carretera. Vehículos para el transporte de personas con movilidad reducida. Capacidad igual o menor a nueve plazas, incluido el conductor») y sus posteriores modificaciones.

- **Vehículos con capacidad superior a 9 plazas.** Las condiciones básicas de accesibilidad de estos vehículos serán las establecidas en la Orden CTE/1612/ 2002, de 25 de junio, por la que se actualizan los anexos I y II de Real Decreto 2028/1986, de 6 de junio, sobre las normas para la aplicación de determinadas directivas de la CE, relativas a la homologación de tipos de vehículos automóviles, remolques, semirremolques, motocicletas, ciclomotores y vehículos agrícolas, así como de partes y piezas de dichos vehículos.

Truco

Sobre la definición de transporte especial, esta misma normativa señala que "es aquel que no tiene todas, aunque pueda tener alguna de las características de un servicio de transporte ordinario; esto es, regularidad, horarios, tarifación comercial y recorridos fijos, entre otras. Además, es un servicio que se concibe expresamente para transportar a los ciudadanos con más grave discapacidad de cualquier tipo; que por ello no pueden o no quieren utilizar los servicios de transporte ordinario, aunque sean accesibles. Esto puede suceder por su grave discapacidad intelectual o física (falta de equilibrio, de coordinación de movimientos, incapacidad de manejar o valerse de una silla de ruedas...)".

legislación

Para más información sobre los requisitos, condiciones y formas de utilización de los equipos de asistencia del resto de tipos de transporte de viajeros con discapacidad, puedes consultar el Real Decreto 1544/2007.

3. Solución de conflictos o situaciones complicadas cuando está implicada una persona con discapacidad

Las personas con discapacidad pueden enfrentarse a una variedad de conflictos y situaciones desafiantes en diferentes aspectos de sus vidas. Algunos de los conflictos más habituales ya se han mencionado a lo largo de todo el contenido, pero se pueden clasificar o sintetizar en los siguientes tipos:

- **Accesibilidad y barreras físicas:** La falta de accesibilidad en entornos físicos, como edificios, transporte público y espacios públicos, es un conflicto común. Por ejemplo, la dificultad para acceder a un edificio debido a la falta de rampas o ascensores.

- **Discriminación y estigmatización:** La discriminación basada en la discapacidad y la estigmatización pueden afectar la participación social y laboral de las personas con discapacidad. Por ejemplo, ser tratado de manera injusta o ser excluido debido a la discapacidad.

- **Acceso a empleo y oportunidades:** Las personas con discapacidad pueden enfrentar barreras para acceder al empleo y oportunidades educativas o profesionales. Por ejemplo, discriminación en el lugar de trabajo o falta de ajustes razonables.

- **Falta de información accesible:** La falta de información en formatos accesibles puede dificultar la participación plena en la sociedad. Por ejemplo, ausencia de información en braille, audiolibros o formatos electrónicos accesibles.

- **Aislamiento social:** La discapacidad a veces puede llevar al aislamiento social debido a la falta de accesibilidad en eventos y lugares públicos. Por ejemplo, no poder participar en actividades sociales debido a barreras físicas o actitudes negativas.

- **Acceso a la atención médica:** Las personas con discapacidad pueden enfrentar desafíos para acceder a servicios de atención médica adecuados y comprensivos. Por ejemplo, falta de instalaciones médicas accesibles o falta de comprensión por parte del personal médico.

- **Acceso a tecnologías de asistencia:** La falta de acceso a tecnologías de asistencia puede limitar la independencia y la participación en la vida diaria. Por ejemplo, falta de recursos para adquirir sillas de ruedas eléctricas, ayudas auditivas u otras tecnologías de asistencia.

- **Acceso a transporte:** El transporte público o privado a menudo presenta barreras para las personas con discapacidad. Por ejemplo, falta de accesibilidad en el transporte público, como buses sin rampas o estaciones sin elevadores.

- **Estereotipos y percepciones negativas:** La presencia de estereotipos y percepciones negativas puede afectar la autoestima y la participación social. Por ejemplo, ser subestimado o tratado con condescendencia debido a la discapacidad.

- **Violencia y abuso:** Las personas con discapacidad pueden ser más vulnerables a la violencia y el abuso. Por ejemplo, experimentar abuso físico, verbal o emocional basado en la discapacidad.

Todo esto puede derivar en situaciones en las que personas con discapacidad sufren insultos, burlas, estafas, imitación e incluso agresión.

Es importante desde la atención al cliente en transporte de viajeros saber abordar estos conflictos mediante enfoques inclusivos y sensibles a las necesidades individuales. Algunas pautas que pueden ayudar a gestionar este tipo de conflictos y situaciones son las siguientes:

- En situaciones conflictivas, es fundamental mantener la calma. Esto ayuda a crear un entorno más seguro y facilita la comunicación efectiva.
- Utilizar una comunicación clara y directa. Hay que evitar jergas o términos técnicos que puedan resultar confusos y ajustar el lenguaje según las necesidades y preferencias de la persona.
- Prestar atención a lo que la persona con discapacidad tiene que decir. La escucha activa muestra empatía y demuestra que se valora su experiencia y opinión.
- Respetar la dignidad y autonomía de la persona. Se debe reconocer su capacidad para tomar decisiones y estar involucrado en la resolución del conflicto.
- Adaptarse a las necesidades específicas de la persona. Hay que considerar cualquier ajuste necesario debido a la discapacidad, como comunicación alternativa, tiempos extendidos o asistencia personal.
- Colaborar en la búsqueda de soluciones. Se debe invitar a la persona a participar en el proceso de resolución de conflictos y trabajar juntos para encontrar una solución aceptable.
- Evitar el lenguaje o comportamiento estigmatizante. Culpar a la persona por su discapacidad o utilizar un tono condescendiente puede empeorar la situación.

- Si parece que la persona necesita ayuda, ofrecerla, pero preguntar primero si la aceptarían. Respetar la autonomía es fundamental.
- Si el conflicto no se resuelve fácilmente, hay que considerar la posibilidad de involucrar a un mediador imp arcial. Hay que asegurarse de que la persona con discapacidad se sienta cómoda con la elección del mediador.
- Proporcionar información de manera accesible. Hay que asegurarse de que la información sobre el conflicto, las posibles soluciones y los procedimientos futuros sea presentada en formatos accesibles si es necesario.
- Considerar el contexto cultural y las diferencias individuales. Comprender y respetar la diversidad cultural es esencial en la gestión de conflictos.
- Reflexionar sobre la situación y aprender de la experiencia. Utilizar la retroalimentación para mejorar las habilidades en la gestión de situaciones similares en el futuro.

 **Importante**

Hay que recordar que cada persona es única, y la consideración de sus necesidades individuales y la adopción de un enfoque centrado en la persona son fundamentales para resolver conflictos de manera efectiva.

Por otro lado, una de las principales funciones del conductor es velar por el cumplimiento de las normas. Todos los pasajeros deben cumplir las normas de convivencia y conducta a bordo del vehículo.

En caso de que esto no ocurra, una habilidad que se puede usar ante situaciones conflictivas es la persuasión. Esta es una habilidad en la que existe algo de innato, pero que también se puede dominar con la experiencia (no todas las personas tienen la misma capacidad de persuasión ni convicción) y que precisa de inteligencia emocional para su ejecución.

Algunas acciones que se consiguen gracias a esta capacidad son:

- Frenar la agresividad potencial del cliente.
- Mantener la calidad del servicio.

- Velar por la integridad de los demás pasajeros.

Vocabulario

Persuasión: es el proceso de influenciar o cambiar las creencias, actitudes, opiniones o comportamientos de una persona mediante el uso de argumentos, razones, lógica o emociones.

Por tanto, algunos elementos clave de la persuasión incluyen:

- La presentación de argumentos sólidos y convincentes que deben ser lógicos, coherentes y respaldados por evidencia.
- La conexión emocional, es decir, usar las emociones puede generar empatía y aumentar la receptividad a la idea o mensaje.
- La credibilidad del persuasor, ya que los receptores serán más propensos a ser persuadidos por alguien que perciben como confiable, experto y creíble en el tema en cuestión.
- Adaptar el mensaje a las necesidades, valores y perspectivas del receptor aumenta las posibilidades de éxito.
- Mantener consistencia y coherencia en el mensaje, ya que si se usan argumentos contradictorios o inconsistencias pueden debilitar la efectividad de la persuasión.
- Habilidades de comunicación efectivas, como la capacidad para expresar ideas claramente y escuchar activamente.
- La reciprocidad, donde el persuasor ofrece algo valioso antes de pedir algo a cambio.
- Destacar la escasez o la exclusividad de una idea puede aumentar su atractivo persuasivo.
- Autoridad por parte del persuasor, ya que las personas tienden a ser más receptivas a aquellos que se perciben como expertos en el tema.

Fig. 7. Se requiere de ciertas habilidades y pautas para resolver los conflictos

El conductor nunca puede ponerse a la altura de los pasajeros en cuanto a malos modales, faltas de respeto y educación. Debe resolver los conflictos de forma calmada, con argumentos sólidos y cargados de razón.

Para ello, algunas técnicas o estrategias de persuasión que se pueden llevar a cabo son las siguientes:

- **Empatía:** Mostrar comprensión y simpatía hacia las emociones y perspectivas de la otra persona. Por ejemplo, "Entiendo que esto ha sido difícil para ti, y quiero encontrar una solución que funcione para ambos".
- **Comunicación asertiva:** Expresar claramente los puntos de vista y necesidades de manera respetuosa y directa. Por ejemplo, "Me gustaría discutir algunos aspectos del problema que creo que podríamos abordar juntos".
- **Enfoque en intereses comunes:** Resaltar los intereses compartidos para encontrar soluciones que beneficien a ambas partes. Por ejemplo, "Ambos queremos que este conflicto se resuelva; hagamos juntos un plan para lograrlo".
- **Argumentos lógicos:** Presentar argumentos lógicos y razonamientos que respalden la posición. Por ejemplo, "Aquí hay datos o hechos que respaldan el por qué esto no está bien".

- **Validación de sentimientos:** Reconocer y validar los sentimientos de la otra persona antes de abordar el problema. Por ejemplo, "Parece que este tema te afecta, y quiero entender mejor cómo podemos resolverlo juntos".
- **Fomentar el diálogo abierto:** Crear un espacio para el diálogo abierto y honesto para discutir el conflicto. Por ejemplo, "Me gustaría que pudiéramos hablar abierta y honestamente sobre cómo podemos superar esto juntos".
- **Negociación ganar-ganar:** Buscar soluciones que beneficien a ambas partes, evitando un enfoque de ganar-perder. Por ejemplo, "Creo que hay formas en que ambos podemos obtener lo que necesitamos de esta situación".
- **Reformulación positiva:** Ratificar el conflicto en términos positivos para facilitar la resolución. Por ejemplo, "En lugar de ver esto como un obstáculo, veámoslo como una oportunidad para mejorar".
- **Reconocimiento de contribuciones:** Reconocer y apreciar las contribuciones positivas de la otra persona. Por ejemplo, "Aprecio el esfuerzo que has puesto para resolver la situación".

 **Importante**

Estas técnicas pueden ser adaptadas según la naturaleza del conflicto y las personas involucradas. El objetivo es construir una comunicación, fomentar la comprensión mutua y llegar a soluciones que sean aceptables para todas las partes.

4. Supervisión de las personas con discapacidad en el autocar

El Reglamento nº 107 (CEPE), en su Anexo nº 8, especifica los requisitos requisitos para los dispositivos técnicos que facilitan el acceso a los viajeros con movilidad reducida. Este especifica que los vehículos de clase I deberán ser accesibles al menos para un usuario en silla de ruedas.

Por todo esto, los autobuses deberán:

- Tener un certificado *crash test*, donde se homologa al habitáculo destinado a anclar la silla.
- Disponer de sistemas de seguridad según la norma ISO 7176-19.
- Anclar la silla al chasis del vehículo.
- El pasajero debe ir sujeto con un cinturón de seguridad de tres puntos de anclaje. Este debe ir anclado con el cinturón de seguridad que sujete pecho (en bandolera) y la pelvis, y no podrá atrapar las partes blandas del cuerpo, como el cuello.
- Los asientos disponibles deberán estar perfectamente señalizados, donde no exista lugar a confusión.
- Los ascensores se indicarán en las terminales con su señalización correspondiente.

Legislación

Para más información sobre estos requisitos, puedes consultar el Reglamento nº 107 (CEPE).

Una vez se ha asegurado que el autobús es accesible, y se ha verificado que los dispositivos y espacios reservados son adecuados, es fundamental velar por la supervisión de las personas con discapacidad que viajan en un autobús. Esta debe realizarse de manera cuidadosa y respetuosa para garantizar su seguridad y comodidad durante el viaje. Algunas pautas generales que pueden ayudar en este proceso son:

- Establecer una comunicación clara con la persona con discapacidad y, si es necesario, con sus acompañantes. Para ello, se puede preguntar sobre sus necesidades y preferencias durante el viaje.
- Familiarizarse con el tipo específico de discapacidad y las necesidades de la persona que se supervisa, ya que diferentes discapacidades pueden requerir enfoques diferentes.

- Ofrecer los asientos prioritarios y procurar ubicar a la persona cerca de la puerta para facilitar su entrada y salida.
- Brindar asistencia durante la entrada y salida del autobús según sea necesario. Esto puede incluir el uso de rampas, elevadores o simplemente proporcionar apoyo físico.
- Respetar la independencia de la persona con discapacidad siempre que sea posible. Para ello, se puede consultar sobre la forma en que prefieren recibir asistencia y seguir sus preferencias.
- Mantener una comunicación continua durante el viaje para asegurarse de que la persona se sienta cómoda y segura.
- Asegurarse de que la persona con discapacidad conozca los procedimientos de emergencia y evacuación del autobús. Además, habrá que ofrecer asistencia adicional si es necesario durante una evacuación.
- Respetar la privacidad y la dignidad de la persona con discapacidad. Hay que evitar hacer preguntas intrusivas y tratar a cada persona con el mismo nivel de respeto.
- Proporcionar información clara sobre la duración del viaje, las paradas previstas y cualquier información relevante que pueda afectar a la persona con discapacidad.

 **Importante**

Hay que recordar que cada persona es única, y las necesidades pueden variar según el tipo y grado de discapacidad. La supervisión debe realizarse de manera personalizada y sensible a las necesidades individuales. Además, se debe proporcionar capacitación y formación al personal del autobús sobre cómo interactuar y asistir a personas con diferentes tipos de discapacidad.

Resumen

La aplicación de ayudas a personas con discapacidad implica un enfoque integral para garantizar que tengan acceso equitativo a servicios y espacios relacionados con el transporte de viajeros. Esto incluye asegurarse de que las instalaciones están diseñadas con acceso universal (rampas, ascensores, baños accesibles y pasillos amplios), que hay espacios reservados para estos usuarios, que la información es clara y accesible, etc. Además, se debe garantizar que la persona puede acceder a los espacios y plazas reservadas para el caso, y ofrecer ayuda para abordar o desembarcar del transporte, en caso necesario.

Respecto a la gestión de equipos de asistencia y formas de utilización, el Real Decreto 1544/2007 de 23 de noviembre, en sus anexos, establece todas las condiciones básicas de accesibilidad y no discriminación para el acceso y utilización de los modos de transporte para personas con discapacidad. En el caso del transporte en autobús, habrá espacios libres de asientos para sillas de ruedas, asideros, señalización lumínica y sonora, rampas o elevadores, etc., por lo que es fundamental conocer cada uno de estos dispositivos y su funcionamiento para ofrecer una asistencia de calidad y adaptada a las necesidades.

En el transporte de viajeros, y en su vida en general, las personas con discapacidad pueden enfrentarse a una variedad de conflictos y situaciones desafiantes como, por ejemplo, la estigmatización, la discriminación, e incluso el abuso y la violencia. Por todo esto, el conductor debe estar preparado para intervenir y mediar en el conflicto con el fin de defender la integridad de la persona afectada. Para ello, se pueden seguir una serie de pautas y una serie de estrategias como son la escucha activa, la persuasión, la empatía, etc. El objetivo es construir una comunicación, fomentar la comprensión mutua y llegar a soluciones que sean aceptables para todas las partes.

Por último, llevar a cabo una supervisión de la persona con discapacidad durante su trayecto en el autobús es fundamental. Esta debe realizarse de manera cuidadosa y respetuosa para garantizar su seguridad y comodidad durante el viaje. Algunas actuaciones que se pueden llevar a cabo son, por ejemplo, brindar asistencia durante la entrada y salida del autobús según sea necesario, ofrecer los asientos prioritarios y procurar ubicar a la persona cerca de la puerta para facilitar su entrada y salida, o proporcionar información clara sobre la duración del viaje.

Glosario

Braille

Sistema de escritura táctil utilizado por personas ciegas o con discapacidad visual. Fue creado por Louis Braille, un joven ciego francés, en el siglo XIX. El sistema consiste en un conjunto de caracteres que se representan mediante combinaciones de puntos en relieve, dispuestos en celdas con un patrón específico.

Crash test

También denominada prueba de choque. Es un procedimiento en el que vehículos, componentes de vehículos o sistemas de seguridad automotriz se someten a colisiones controladas para evaluar su rendimiento y seguridad en caso de un accidente. Estas pruebas son esenciales para garantizar que los vehículos cumplan con los estándares de seguridad y para mejorar el diseño y la eficacia de los sistemas de seguridad.

Pictograma

Símbolo gráfico que representa un objeto, una idea o una acción mediante la utilización de una imagen o un conjunto de imágenes fácilmente reconocibles. Estos símbolos son utilizados para comunicar información de manera visual y rápida, sin depender del lenguaje escrito.

Transporte suburbano

El destinado a transportar a todo tipo de pasajeros en autobuses o autocares que tienen un itinerario preestablecido con sujeción a calendarios y horarios prefijados, tomando a los pasajeros en paradas fijas entre distintos términos municipales.

Transporte urbano

El destinado a transportar a todo tipo de pasajeros en autobuses o autocares que tienen un itinerario preestablecido con sujeción a calendarios y horarios prefijados, tomando a los pasajeros en paradas fijas dentro de un mismo término municipal.

Ejercicios de autoevaluación

1. ¿Cuál es la posición correcta de la superficie libre de asientos para una silla de ruedas?

a. Perpendicular al eje longitudinal del vehículo.

b. En diagonal respecto al eje longitudinal del vehículo.

c. Paralela al eje longitudinal del vehículo.

2. ¿Qué contribuye a la seguridad y a la satisfacción de las necesidades individuales de las personas con discapacidad?

a. La falta de atención.

b. La supervisión y asistencia personalizada.

c. La falta de adaptación de los vehículos.

3. ¿Qué se debe verificar antes de asegurarse de que el autobús es accesible?

a. Los dispositivos y espacios reservados.

b. La supervisión de las personas con discapacidad.

c. La seguridad y comodidad durante el viaje.

4. ¿Qué aspecto es importante tener en cuenta al abordar conflictos en la atención al cliente en transporte de viajeros?

a. Enfoques agresivos y autoritarios.

b. Enfoques indiferentes y desinteresados.

c. Enfoques inclusivos y sensibles a las necesidades individuales.

5. ¿Qué establece el Real Decreto 1544/2007 en sus anexos?

a. Las condiciones básicas de accesibilidad y no discriminación para el acceso y utilización de los modos de transporte para personas con discapacidad.

b. Las condiciones de seguridad para el transporte de pasajeros con discapacidad.

c. Las tarifas especiales para el transporte de pasajeros con discapacidad.

6. ¿Cómo debe ser transportado el equipamiento de asistencia en el transporte?

a. En el asiento delantero.

b. En el techo.

c. En el maletero.

7. ¿Cuáles son las dimensiones mínimas de la superficie de alojamiento para una silla de ruedas?

a. Longitud de 1.000 milímetros y anchura de 500 milímetros.

b. Longitud de 1.300 milímetros y anchura de 750 milímetros.

c. Longitud de 1.500 milímetros y anchura de 800 milímetros.

8. ¿Cuál es la altura máxima permitida desde la calzada al piso del autobús?

a. 300 milímetros.

b. 200 milímetros.

c. 250 milímetros.

9. ¿Qué se debe tener en cuenta en la adaptación de vehículos y sistemas de transporte público?

    a. La decoración interior.

    b. La señalización sonora y lumínica.

    c. Los colores de los asientos.

10. ¿Qué deben tener los vehículos de transporte de viajeros para facilitar la entrada y salida de personas con movilidad reducida?

    a. Rampas o elevadores.

    b. Baños accesibles.

    c. Asientos articulados

Aplicaciones prácticas

Aplicación práctica 1. Mejora de la atención al cliente con discapacidad

U. A. 1. Introducción a los principios básicos de la atención al cliente con discapacidad

Imagina que trabajas en una empresa de transporte público que opera autobuses en una ciudad. La empresa ha identificado la necesidad de mejorar la atención al cliente para personas con discapacidad y ha decidido implementar cambios basados en principios de accesibilidad, asertividad y empatía.

Elabora una propuesta de mejora señalando qué tipo de acciones y cambios se pueden llevar a cabo respecto a la formación de los empleados, las instalaciones de la estación y el equipamiento de los autobuses.

Aplicación práctica 2. Resolución de conflictos durante el transporte de viajeros

U. A. 2. Aplicación de equipos y técnicas para una atención adecuada al discapacitado

Imagina que eres el conductor de un autobús que ofrece servicios de transporte público, y en tu ruta diaria, suben varios pasajeros con discapacidad. Durante el trayecto, surge una situación complicada que involucra a dos pasajeros.

Uno de los pasajeros utiliza una silla de ruedas y necesita un espacio designado para su movilidad. Sin embargo, el espacio está ocupado por un cochecito de bebé, cuya propietaria, se niega a plegar. Esta argumenta que no puede plegar el cochecito ya que su bebé está durmiendo y teme despertarlo.

¿Cómo gestionarías la resolución de este conflicto? Detalla y argumenta cada una de las acciones y medidas que llevarías a cabo ante esta situación.

Ejercicio de evaluación final

1. **¿Qué son las BAU?**

   a. Elementos o características presentes en la estructura de un edificio que dificultan o impiden el acceso y la movilidad de personas con discapacidades o limitaciones físicas.

   b. Obstáculos físicos o elementos del entorno construido en un entorno urbano que dificultan o impiden la movilidad y accesibilidad de las personas.

   c. Obstáculos físicos o elementos en la infraestructura del sistema de transporte que dificultan o impiden la movilidad y accesibilidad de las personas, especialmente aquellas con discapacidades o limitaciones físicas.

2. **¿Cuál de los siguientes no es un problema al que se enfrenta una persona con discapacidad?**

   a. Infraestructuras no adaptadas en estaciones.

   b. Ausencia de información accesible.

   c. Seguridad en el transporte.

3. **¿Qué tipo de discapacidad está directamente relacionada con condiciones de salud mental que afectan el pensamiento, el estado de ánimo y el comportamiento de una persona?**

   a. Discapacidad intelectual.

   b. Discapacidad física.

   c. Discapacidad psíquica o mental.

4. **¿Cuál de los siguientes es un ejemplo de discapacidad física?**

   a. Enfermedades neuromusculares.

   b. Trastornos del neurodesarrollo.

   c. Dislexia.

5. ¿Cómo se denomina a la presencia de dos o más discapacidades que afectan diferentes áreas de funcionamiento?

    a. Discapacidad congénita.

    b. Pluridiscapacidad.

    c. Discapacidad dual.

6. ¿Qué tipo de problema a los que se enfrenta una persona con discapacidad conlleva el apartamiento y la falta de oportunidades para participar en actividades sociales, recreativas y culturales?

    a. Estigma y discriminación.

    b. Falta de representación en los medios de comunicación.

    c. Aislamiento social.

7. ¿Qué implica superar las barreras sociales?

    a. Eliminar obstáculos tangibles.

    b. Promover la sensibilización.

    c. Todas las respuestas son correctas.

8. ¿Qué normativa aboga por los principios de independencia, dignidad, respeto y no discriminación?

    a. Real Decreto 1544/2007.

    b. Real Decreto Legislativo 1/2013.

    c. Estos principios no se recogen en ninguna normativa.

9. **Cuando se discrimina a las personas que se relacionan con los discapacitados se denomina:**

   a. Discriminación directa.
   b. Discriminación indirecta.
   c. Discriminación por asociación.

10. **El manejo de conflictos es una característica de la:**

   a. Empatía.
   b. Escucha activa.
   c. Asertividad.

11. **El transporte de las sillas de ruedas y otro equipamiento de asistencia deberá:**

   a. Ser admitido siempre y sin sobrecoste para el usuario.
   b. Ocupar un espacio reservado para personas con movilidad reducida.
   c. Todas las respuestas son correctas.

12. **Los animales guía deberán:**

   a. Poder acceder al transporte sin coste alguno.
   b. Ocupar espacio en el pasillo durante el trayecto.
   c. Todas las respuestas son correctas.

13. **¿En qué anexo del Real Decreto 1544/2007 se establece las condiciones básicas de accesibilidad en los servicios de transporte especial?**

   a. Anexo V.
   b. Anexo VII.
   c. Anexo VIII.

14. ¿Qué estrategia implica reconocer y validar los sentimientos de la otra persona antes de abordar el problema?

a. Empatía.

b. Escucha activa.

c. Persuasión.

15. ¿Cuál es una técnica en la gestión de conflictos para buscar soluciones que beneficien a ambas partes?

a. Negociación ganar-ganar.

b. Reformulación positiva.

c. Comunicación asertiva.

16. Un elemento clave de la persuasión es:

a. Adaptar el mensaje a las necesidades, valores y perspectivas del receptor.

b. Ofrecer ayuda a la persona para abordar o desembarcar del transporte.

c. Mantener una comunicación continua durante el viaje para asegurarse de que la persona se sienta cómoda y segura.

17. ¿Cómo se puede medir la altura desde la calzada al piso del autobús?

a. Con el sistema de inclinación (*kneeling*) activado.

b. Con una cinta métrica.

c. Contando siete pasos.

18. En los autobuses urbanos e interurbanos:

a. El SIA se fijará en la parte frontal derecha del autobús.

b. Se dispondrá en su exterior de tres letreros en los que se coloque el número que le identifica y la línea a la que corresponde. Uno en la parte frontal, otro en la trasera y el tercero en el lateral derecho según el sentido de la marcha.

c. Todas las respuestas son correctas.

19. Respecto a las condiciones básicas de accesibilidad en el transporte en taxi:

a. Las condiciones son exactamente las mismas que se establecen para los autobuses urbanos de piso bajo.

b. Si la altura entre la calzada y el marco del umbral de la puerta lateral trasera es superior a 250 milímetros es obligatorio que lleve un escalón.

c. Se dispondrá de un avisador acústico y luminoso en las inmediaciones de la puerta.

20. El Reglamento nº 107 (CEPE), en su Anexo nº 8, especifica que los autobuses:

a. Deben emplear el freno motor más que el auxiliar y el de servicio.

b. Deben disponer de sistemas de seguridad según la norma ISO 7176-19.

c. Deben disponer de un dispositivo que de forma visual y sonora informe sobre parada solicitada y denominación de la próxima parada.

Solucionario

U. A. 1. Introducción a los principios básicos de la atención al cliente con discapacidad

1. a	**6.** b
2. c	**7.** c
3. b	**8.** a
4. b	**9.** a
5. a	**10.** a

U. A. 2. Aplicación de equipos y técnicas para una atención adecuada al discapacitado

1. c	**6.** c
2. b	**7.** b
3. a	**8.** c
4. c	**9.** b
5. a	**10.** a

Bibliografía

Legislación

Real Decreto 1544/2007, de 23 de noviembre, por el que se regulan las condiciones básicas de accesibilidad y no discriminación para el acceso y utilización de los modos de transporte para personas con discapacidad.

Real Decreto Legislativo 1/2013, de 29 de noviembre, por el que se aprueba el Texto Refundido de la Ley General de derechos de las personas con discapacidad y de su inclusión social.

Reglamento nº 107 de la Comisión Económica para Europa de las Naciones Unidas (CEPE), sobre disposiciones uniformes relativas a la homologación de vehículos de la categoría M2 o M3 en lo que respecta a sus características generales de construcción.

Textos electrónicos

José Antonio Juncà Ubierna. Fundación ONCE y Ministerio de Sanidad, Servicios Sociales e Igualdad. *Accesibilidad universal de los modos de transporte en España* [En línea]. Dirección URL:
<https://biblioteca.fundaciononce.es/sites/default/files/publicaciones/documentos/libro-accesibilidad-transportes-alta_2.pdf>

Ministerio de Sanidad, Servicios Sociales e Igualdad. *Ley General de derechos de las personas con discapacidad y de su inclusión social* [En línea]. Dirección URL:
<https://www.plenainclusion.org/sites/default/files/ley_general_de_derechos.pdf>